Madame Missou
hat gute Laune

freundin
PRÄSENTIERT

Madame Missou

HAT GUTE LAUNE

Unsere Themen

15 Gute-Laune-Tricks für den Alltag

A la fin!

C'est la vie

Ein Kaffeefleck auf der frischen Bluse, das Auto springt nicht an, ich stoße mir den Zeh – un jour catastrophique! Kennst du das? Solche kleinen Ärgernisse können mir den ganzen Tag vermiesen! Manchmal hat es aber auch tiefer liegende Ursachen, wie Selbstzweifel oder Unzufriedenheit im Job, die mich tagelang deprimieren können.

Dabei ist das Leben viel zu kurz, um Trübsal zu blasen!

Zuerst müssen wir herausfinden, warum wir momentan unzufrieden sind. Und dann, voilà, zeige ich dir, wie du mit 15 kleinen Tricks dein strahlendes Lachen wiedererlangst! Pardon, ich habe mich noch gar nicht vorgestellt: Mein Name ist Madame Missou. Mehr als einen guten Café au lait, einen Plausch mit meiner besten Freundin und La vie en rose von Édith Piaf brauche ich nicht, um glücklich zu sein! Oh, là, là, meinen Mann und die Kinder selbstverständlich auch! Kann das Glück so einfach sein?

Lass es uns gemeinsam anpacken! Ich habe schon einiges ausprobiert und stelle dir meine Lieblings-Tricks für mehr gute Laune im Alltag vor!

Deine Madame Missou

Was unserem Glück im Weg steht und wie wir es wiederfinden

Manchmal scheint das Glück einfach nicht auf unserer Seite zu sein. Zuweilen stehen wir uns aber auch selbst im Weg. Statt uns im Elend zu suhlen, sollten wir überlegen, welche Ursachen unsere Unzufriedenheit haben könnte: Stellen wir zu hohe Erwartungen an uns selbst und an die anderen, fehlt uns die Orientierung im Leben oder sind wir im Hamsterrad gefangen und können uns nicht fallen lassen?

mein
TIPP:

Finden wir heraus, was uns
das Leben schwer macht!
„Kenne deinen Feind", das hast
du sicher schon einmal gehört.
Nur wenn wir wissen, was uns
unglücklich macht, können wir
etwas daran ändern!

Weniger ist manchmal mehr!

Du willst immer „mehr"?

La vie est magnifique! Du hast einen guten Job, bist in einer glücklichen Partnerschaft und blickst optimistisch in die Zukunft. Wobei ... etwas mehr Gehalt wäre doch nicht schlecht, oder? Schließlich möchtest du dir auch mal deinen Traumwagen leisten oder den Kindern das Studium finanzieren.

Und die Beziehung war auch schon mal spannender – irgendwie scheint die Leidenschaft eingeschlafen zu sein. Vielleicht gibt es auf dieser Welt doch jemanden, der besser zu dir passt, der dich noch glücklicher machen kann und alle deine Bedürfnisse erfüllt?

Nein, den gibt es nicht – und mehr Gehalt beschert dir auch nicht das große Glück! Immer nach „mehr" und „Besserem" zu streben, macht todunglücklich. Diese These stellte bereits etwa 500 v. Chr. Siddhartha Gautama auf – besser bekannt als Buddha.

Seine Lehre, der Buddhismus, beruht auf der Tatsache, dass das Leiden zentraler Bestandteil des Lebens ist.

Ursache dieses Leidens ist nach Buddha das Begehren von Genüssen, Gütern und Macht. Der Mensch kann sein Leiden beenden, indem er sich von seinem Streben nach „mehr" löst. Was bedeutet das also für diejenigen unter uns, die sich schönere Haare, mehr Geld, einen besseren Job, einen attraktiveren Partner oder ein schickeres Auto wünschen? Wir sollten uns an Buddha halten und seine Aussage beherzigen: „Frieden kommt von innen. Such ihn nicht im Äußeren." Sich davon zu lösen, das Glück im Äußeren zu suchen, ist schwieriger, als ich zunächst dachte. Trotzdem habe ich gelernt, dass Glück – und auch gute Laune – oft eine Einstellungssache ist.

Sicherlich, wenn ein schlimmes Unglück geschieht oder wir in einer tiefen Krise stecken, kann auch die richtige Einstellung nicht helfen. Allerdings ist sie der Motor des Alltags und der Alltagslaune: Beginnt dein Morgen, wenn der Wecker klingelt, bereits mit Sorgenfalten und Schlappheit? Dann versuch einmal, bereits die ersten Momente des Tages nicht mit schlechter Laune zu vergeuden, und nimm dir vor: Morgen, wenn der Wecker klingelt, reiße ich das Fenster auf, lasse frische Luft hinein und genieße die Stille vor Tagesanbruch.

Sorg selbst für deine kleinen Glücksmomente: Die klare Luft am Morgen, der erste Kuss des Partners, der Kaffee im Büro, die Mittagspause mit der Kollegin. Wenn du diese kleinen Etappen des Tages vor Augen hast, kannst du dich immer auf etwas freuen, das dich heute noch erwartet. So wird auch schnell klar, wie unwichtig vermeintlich große Dinge eigentlich sein können: Was hättest du wirklich davon, wenn du eine Million Euro gewinnen würdest? Natürlich bietet Geld Sicherheit, aber Reichtum allein macht nicht glücklich.

Manchmal fehlt mir die Leidenschaft in meiner Beziehung und ich sehne mich nach „Neuem". Doch dann sorge ich selbst dafür, dass ich mit meinem Partner abenteuerliche Momente erlebe, und bin dankbar für die Geborgenheit und Beständigkeit meiner Beziehung! Vieles haben wir selbst in der Hand!

Übrigens: Sich ständig mit anderen zu vergleichen, ist ebenfalls das perfekte Mittel, um unglücklich zu werden.

Alors!

Lass uns das Glück nicht im Äußeren suchen. Gute Laune ist oft Einstellungssache.

Du grübelst häufig?

Diese Angewohnheit kann überaus nervenzerreibend sein. Du liegst abends im Bett und möchtest nur noch schlafen – doch dann geht es los: Dein Gehirn kommt so richtig auf Hochtouren. Du stellst dir selbst Fragen, malst dir die Zukunft aus und grübelst über den Alltag. „Wie soll ich beruflich in den nächsten Jahren vorankommen? Wie wird meine Beziehung in zehn Jahren aussehen? Warum war mein Chef heute so distanziert?" Das ständige Nachdenken und Suchen nach Antworten raubt uns nicht nur den Schlaf, sondern auch die Energie und den Mut, entschlossen zu handeln.

Ein glückliches Leben ist erst dann möglich, wenn wir unsere menschliche Einfachheit und Naivität zulassen, wusste schon Erasmus von Rotterdam. Der Weg zum Unglück dagegen besteht darin, über alles nachzudenken, alles permanent infrage zu stellen und ständig trüben Gedanken nachzuhängen.

Nach Erasmus können wir also erst dann glücklich sein, wenn wir zu einem gewissen Maße ignorant sind: Manchmal müssen wir die Dinge ignorieren, die uns zum Grübeln bringen, und stattdessen einfach sein. Wie können wir das erreichen?

Lass uns weniger nachdenken und schneller ins Handeln kommen. Wir sollten hin und wieder spontan sein und Dinge wagen, die wir nicht rational begründen können. Wie wäre es mit einer Rucksack-Tour durch Irland, statt sich auf das neue Großprojekt bei der Arbeit zu stürzen?

Schalte den Gedankenmotor am Abend bewusst ab: Gönn dir vor dem Schlaf einige Stunden Unbeschwertheit, in denen du keine Grübelei zulässt.

Sei dabei ignorant und verdränge Gedanken, die dich verunsichern. Leichter gesagt als getan, das weiß ich nur zu gut! Solltest du doch wieder mit der Grübelei beginnen, versuch, an etwas ganz Profanes zu denken, das deine Laune hebt: Vielleicht der Sonnenuntergang an einem herrlichen Strand? Oder köstliches Essen bei Kerzenschein? So einfach der Gedanke sein mag – er soll dich zur verdienten Ruhe kommen lassen.

Alors!

Gönnen wir uns den Luxus, die Gedanken einfach mal schweifen zu lassen.

Du handelst stets vernünftig und kannst dich nicht fallen lassen?

Ohne Vernunft kommen wir nicht weit. Doch zu viel Vernunft kann ebenfalls in eine Sackgasse führen. Hast du schon mal von Aristippos von Kyrene gehört? Seinen Ansatz finde ich interessant: Die körperliche Lust ist bei ihm der eigentliche Sinn des Lebens. Aristippos benutzt dabei das Meer als Metapher für die menschliche Seele: Den Schmerz verbildlicht er mit einem Sturm auf hoher See, während die Lust mit weichen Wellenbewegungen verglichen wird. Eine ruhige See steht in dieser Metapher für die vollkommene Seelenruhe.

Der Sinn des Lebens und das Glück bestehen für Aristippos also darin, die Seele in Wellenbewegungen zu versetzen und damit Lust zu maximieren und Schmerz zu minimieren. Je mehr lustvolle Momente wir erleben, desto glücklicher werden wir einmal auf unser Leben zurückschauen können. Dabei meint Lust nicht nur das Sexuelle, sondern jegliche körperliche Befriedigung von Essen bis Schlaf.

Ich habe mir überlegt: Lässt sich diese hedonistische Einstellung auf unser Leben anwenden? Versteh mich nicht falsch, auf keinen Fall sollst du dein gewohntes Leben morgen aufgeben und nur noch für den Moment leben! Auch die Vernunft gehört zum Glück dazu. Aber ich glaube, einige hedonistische Ansätze könnten unseren Alltag durchaus versüßen: **Tu einfach mal, wozu du Lust hast!**

- **Wann hattest du eigentlich das letzte Mal Sex?**
  Wenn es nicht gerade eben war, worauf wartest
  du dann noch?

- **Schlemm doch mal wieder so richtig!**
  Koch dir selbst ein ausgiebiges Menü oder besuch
  ein fabelhaftes Restaurant. Kalorien spielen an diesem
  Abend keine Rolle, sondern allein der Genuss.

- **Schlaf dich so richtig aus.**
  Oder mach einen Mittagsschlaf!

- **Feier einmal wieder durch die Nacht**
  und tanz, was das Zeug hält!

- **Sorg für den richtigen Adrenalin-Kick:**
  Ob Achterbahn, Fallschirmspringen, Tiefseetauchen
  oder ein Tattoo stechen lassen – such dir ein Abenteuer!

**Eines können wir von den Hedonisten lernen:
Bestücken wir unseren Alltag mit mehr Momenten
der Lust und lassen die Vernunft einfach mal links
liegen – schließlich will auch das Tier in uns zufrieden schnurren.**

Worauf ich Lust habe ...

Einfach mal nichts tun!

Du machst dein Glück von beruflichem Erfolg abhängig?

Dieser Unglücklichmacher ist heute stark verbreitet: Wir bewerten Menschen anhand ihres Berufes – ein Chirurg wird mehr geschätzt als ein Kanalreiniger – und finden uns nur allzu schnell in einer beruflichen Biografie wieder, die uns ein Leben mit mindestens achtstündigem Arbeitstag und vierzigjähriger Laufbahn aufzwingt. Nicht jeder kann von sich behaupten, seinen Traumberuf gefunden zu haben. Vielleicht gehörst du zu den Glücklichen, die jeden Morgen gerne zur Arbeit gehen und diese mit Freude ausüben, die einer Tätigkeit mit Herzblut und Überzeugung nachgehen. Ich wünsche es dir! Denk aber bitte daran, dir genügend Freiräume zu bewahren und deine wohlverdiente Freizeit zu genießen.

Oder ist es genau andersherum und du nimmst deinen Job als monoton und frustrierend wahr und übst ihn nur wegen des Gehalts aus? Hier ist es offensichtlich: Arbeit kann unglücklich machen.

Weil wir so viel Zeit unseres Lebens mit Arbeit verbringen, messen wir ihr zu Recht einen großen Wert bei: Wenn du Jahrzehnte nach deinem Schulabschluss zu einem Klassentreffen mit ehemaligen Klassenkameraden gehst, werden die meisten nicht fragen: „Wie geht es dir?", sondern: „Und, was machst du so?" Diese scheinbar harmlose Frage zielt eindeutig darauf ab, deine berufliche Position zu erfahren, und meint weniger, was du machst, sondern was du bist.

Was ich damit sagen möchte: Wir identifizieren uns mit unserer Arbeit und die anderen tun es auch. Dabei müssen wir aufpassen, die Arbeit nicht überzubewerten und unser Glück einzig von unserer Arbeit abhängig zu machen.

Diese Ansicht teilt auch der britische Philosoph Bertrand Russell, doch er geht noch einen Schritt weiter: Nach ihm kann ein Mensch nur glücklich werden, wenn er seine Arbeitszeit grundsätzlich verringert. Er malt sich eine Utopie aus, in der ein Arbeitstag aus nur vier Stunden besteht – zugegeben: Eine für viele unrealistische Vorstellung, denkt man an die Rechnungen für Miete, Strom und so weiter. Doch wie wäre es, in

Zukunft weniger Überstunden zu machen? Oder sich grundsätzlich abzugewöhnen, dem Erwerbsleben einen zu hohen Stellenwert beizumessen?

Wenn du überarbeitet oder mit deinem Job im Allgemeinen unzufrieden bist, weiß Russell eine weitere Lösung: Investier deine Energie verstärkt in schöpferische Tätigkeiten, denn sie machen den Menschen erst aus. Er plädiert für das Nichtstun und die altbekannte Muße. Klingt paradox? Ist es aber nicht.

Hand aufs Herz: Wann hast du zuletzt einfach nichts getan? Wenn du unter Stress stehst: Nimm dir einen Tag frei – und zwar wirklich frei. Plane weder ein Treffen mit Freunden noch Einkäufe ein, sondern bleib zu Hause – vielleicht mit einem guten Buch – und tu nichts. Das klingt langweilig? Oder vielleicht bekommst du während des untätigen Tages ein schlechtes Gewissen? Genau darin liegt der Clou: Durch Langeweile kannst du die eigene Kreativität wiederentdecken, dich selbst besser kennenlernen und den Leistungsdruck von dir fernhalten. Einen besonderen Stellenwert räumt Russell auch den schöpferischen Tätigkeiten ein: Zeichne oder lern ein Instrument. Ebenso wichtig ist auch das Spielen: Während wir heute dazu neigen, Spiele ausschließlich mit der Kindheit zu verbinden, machen gerade unbeschwerte Aktivitäten wie diese den Menschen glücklich. Denn erst durch Zerstreuung, Ruhe, Muße und Spiel können wir zu uns finden und die Alltagssorgen für einige Stunden verbannen.

Alors!
Eine ausgewogene Work-Life-Balance ist kein neumodisches Hirngespinst – sondern überlebenswichtig!

Du bist vergeblich auf der Suche nach dem Lebenssinn?

Es ist das Laster des Menschen, das aus seinem einzigartigen Bewusstsein herrührt: Wir sind uns bewusst, dass wir leben und dass wir sterben werden – zwangsläufig beschäftigt sich der Mensch mit der großen Frage nach dem „Warum?". Warum werden wir geboren, warum sterben manche Menschen auf so ungerechte Weise? Warum sind manche krank und andere gesund? Warum lebe ich überhaupt? Auch wenn du viele Dinge in deinem Leben liebst, beispielsweise deine Kinder, deine Hobbys oder deinen Partner, bleibt sie bestehen: die ewige Suche nach dem Sinn der menschlichen Existenz.

Wir kennen das: Gerade wenn wir einen besonders schlechten Tag hatten und nichts tun möchten, als uns im Bett zu verkriechen, drängt sich die Sinnfrage schnell auf und sorgt für zusätzliche Belastung. Manche Menschen beantworten sie mit ihrem Glauben an Religion, einen Schöpfer, mit Spiritualität oder dem Leben nach dem Tod – diese Lösungen können ungemein beruhigen und unsere menschliche Neugierde befriedigen.

Doch was, wenn du nicht an Übersinnliches glaubst und weiterhin auf der Suche nach dem Sinn des Lebens bist? Dann kann dich vielleicht eine Erkenntnis trösten, die ich neulich bei Albert Camus gelesen habe: Ihm zufolge können wir nämlich nur gut leben, wenn wir die Sinnlosigkeit unserer Existenz akzeptieren. Das Universum und die Evolution sind im Grunde völlig sinnlos, dementsprechend ebenso die menschliche Existenz, sagt er.

Diese Einsicht kann uns eine große Last von den Schultern nehmen: Wenn wir akzeptieren, dass unser Leben weder mit einer großen Aufgabe noch mit einem übersinnlichen Schicksal belegt ist, können wir freier und unbeschwerter handeln. Camus verdeutlicht diese Idee am Beispiel von Sisyphos, der auf ewig dazu verdammt war, einen Stein einen Berg hinauf zu rollen – wonach dieser sofort seinen Weg zurück in das Tal fand und Sisyphos von vorne beginnen musste.

Genug der Ursachenforschung!

Vielleicht hast du dich beim Lesen das ein oder andere Mal angesprochen gefühlt und kannst nun besser nachvollziehen, warum du manchmal so schlecht drauf bist.

Doch nun lass uns den Stein nicht immer wieder bergauf rollen und uns stattdessen dem widmen, was wirklich Spaß macht: den kleinen Kniffen für mehr gute Laune!

15 Gute-Laune-Tricks für den Alltag

Feiere die Vergangenheit

Wer nur in der Vergangenheit lebt und seiner Jugend oder früheren Lebensphasen hinterhertrauert, kann nicht glücklich werden – so viel ist klar. Doch eines solltest du dir auch nicht nehmen lassen: das Schwelgen in Erinnerungen. Wenn dir heute alles grau erscheint und der Alltag anstrengend ist, mach für einen Abend eine Zeitreise zu den schönsten Momenten deines Lebens.

Vielleicht hast du alte Tagebücher, in denen du stöbern kannst? Ich besitze zum Beispiel ein Kästchen mit Erinnerungsstücken wie Fotos und Eintrittskarten von besonders schönen Anlässen. Hast du so etwas auch? Dann lade doch deine beste Freundin ein und ihr genehmigt euch gemeinsam bei einem Glas Wein einen Rückblick auf eure gemeinsamen Erinnerungen und die Eckpunkte eurer Freundschaft.

Eine weitere tolle Idee, die ich schon ausprobiert habe: Leg dir deine persönlichen Lebens-Charts an. Schnapp dir dazu einen Stift und Papier und entwirf die Top 10 deiner schönsten Erinnerungen. Geh dabei ruhig bis in deine Kindheit und Jugend zurück und vergiss nicht wichtige Wendepunkte wie:

- **deinen ersten Kuss**
- **den Schulabschluss** – und die dazugehörige Feier mit deinen Mitschülern
- **den ersten Urlaub ohne die Eltern**
- **den Moment, in dem du deinen Partner kennengelernt hast**
- **eure Hochzeit oder die Hochzeitsreise**
- **die Geburt deines Kindes**
- **den ersten großen beruflichen Erfolg**
- oder vielleicht auch eine **Erfahrung, die dich hat wachsen lassen,** wie das Überstehen einer Krise oder Krankheit?

Sei kreativ und lass deine Gedanken schweifen – am Ende kannst du anhand deiner Top 10 erkennen, was du bereits erreicht hast und worüber du glücklich sein kannst.

Meine 10 schönsten Erinnerungen

Üb dich in Vorfreude

Gerade wenn du dich gedanklich mit deiner Vergangenheit beschäftigt hast, wird dir sicherlich eines klar: Die schönen Dinge gehen immer zu schnell vorbei.

Denk an deine letzte Reise: Schon während der Buchung der Flüge stellt sich eine große Spannung ein, bald beginnt die aufregende Anreise in das Land deiner Wahl, und vielleicht hast du sogar die Kalendertage bis zum Aufbruch in das Abenteuer gezählt. Und dann – kaum kommst du am Ziel an – ist der Urlaub auch schon fast wieder vorbei.

Die Rückkehr in den grauen Alltag danach ist meistens ernüchternd und das Urlaubsgefühl verschwindet schneller, als wir es uns wünschen würden. Was wir allzu leicht vergessen: Die Vorfreude ist ein besonderes und herausragendes Gefühl. Wer sich auf etwas freut, das in der Zukunft liegt, kann sich durch diese Vorfreude stets selbst ein Lächeln ins Gesicht zaubern.

Vor allem wer dazu neigt, zu viel in der Vergangenheit zu schwelgen, idealisiert diese häufig und überschätzt das Glück der Jugend: Sie ist gespickt mit neuen und aufregenden Erfahrungen wie der ersten großen Liebe, dem Berufseinstieg, dem ersten Kind und so weiter. Sind diese Erlebnisse einmal vorbei, stellt sich bei vielen Melancholie oder gar Verbitterung ein – beide müssen unbedingt bekämpft werden!

In melancholischen Momenten besinne ich mich auf die Dinge, auf die ich mich in der Zukunft freue. Das funktioniert wunderbar! Probier es doch auch mal aus. Am besten schreibst du es direkt auf. Bezieh dabei unbedingt mehrere zeitliche Dimensionen ein und stell dir folgende Fragen:

Auf welche Kleinigkeiten freust du dich in der nächsten Woche?

Ein gutes Abendessen, ein netter Abend mit Freunden, ein interessanter Kinofilm, ein Ausflug mit dem Partner oder auch nur ein Shopping-Nachmittag – Dinge, die uns glücklich machen, müssen nicht immer groß und weltbewegend sein. Genieß die kleinen Glücksmomente und halte dir vor Augen, welche „Inseln der guten Laune" du in den nächsten Tagen bereisen wirst.

Und was erwartet dich in den nächsten Jahren?

Planst du vielleicht einen Umzug, wird deine Tochter heiraten oder möchtest du mit deinem Partner einen Kochkurs machen? Setz dir in Gedanken keine Grenzen: Welche Meilensteine und Glücklichmacher siehst du in den nächsten fünf bis zehn Jahren? Auch Ziele, die weit entfernt scheinen, gehören auf diese Liste, denn sie werden greifbarer, wenn du sie dir schriftlich vergegenwärtigst.

Durch beide Listen – die Kurzzeit- und die Langzeitliste – erhältst du zwei weitere Top 10 der schönen Erlebnisse: nämlich die der Zukunft. Hefte dir die Vorfreude-Listen an deinen Kühlschrank oder ins Badezimmer, wo du sie jeden Tag siehst. So kannst du dich jeden Tag bewusst auf die kleinen und großen Momente des Lebens freuen!

Worauf ich mich in naher Zukunft freue ...

Worauf ich mich in ferner Zukunft freue ...

Geteilte Freude ist doppelte Freude!

Denk auch an andere

Du möchtest deine Laune nicht durch Erinnerung und Planung in Schwung bringen, sondern direkt aktiv werden? Dann ist diese Übung genau die richtige für dich.

Leg heute – oder morgen, wenn der Tag schon fast vorüber ist – einen Tag ein, an dem du dich bewusst anders verhältst. Geh mehr auf deine Mitmenschen ein und handel entschlossener. Hier ein paar Anregungen:

Mach einem Bekannten oder einem relativ fremden Kollegen ein ehrliches Kompliment.

Dabei muss es nicht um etwas Weltbewegendes gehen, Hauptsache, du bleibst dabei authentisch. Wie wäre es mit: „Ich fand deinen Beitrag heute im Meeting sehr produktiv, daran werde ich mich künftig halten!" Oder auch nur: „Du strahlst immer so eine gute Laune aus, da komme ich morgens gerne ins Büro!"

Sag einer Freundin, was du an ihr schätzt.

Schreib ihr zum Beispiel einfach eine kurze SMS: „Ich bin froh, dass ich immer auf dich zählen kann! Hab einen schönen Tag!" Kurze und knackige Ehrlichkeit kommt am besten an.

Wartet nach Feierabend dein Partner zu Hause auf dich? Dann bring ihm eine Kleinigkeit mit!

Such nach einem Mitbringsel, das euch beide verbindet und besonders persönlich ist: etwa die Zutaten für sein Lieblingsessen oder Kinokarten für einen schönen Film.

Verschenk heute eine herzliche Umarmung!

Damit meine ich nicht die beiläufige Zwei-Sekunden-Umarmung, die nur halbherzig gemeint ist. Wenn du gerade ein gutes Gespräch mit deiner Freundin hattest, deine Mutter besuchst oder am Abend deinen Partner triffst: Geh einfach strahlend auf denjenigen zu und nimm ihn voller Überzeugung in den Arm! Du wirst sehen: So eine herzliche Geste bringt dein Gegenüber sofort zum Lächeln – und dich selbst auch.

Eine andere Idee: Melde dich bei jemandem, mit dem du schon lange einmal wieder Kontakt aufnehmen wolltest.

Vielleicht ist das letzte Telefonat mit Oma oder Vater schon Wochen her? Oder du erinnerst dich an eine ehemalige Schulfreundin, der du eigentlich geschworen hast, dass die Freundschaft nie endet? Jetzt ist die Chance: Vergeude nicht die wertvollen Beziehungen, die du schon hast oder hattest. Gib dir selbst einen Ruck und lass eingeschlafene Freundschaften wieder aufleben.

Alors!

Ein ehrliches Kompliment, echtes Interesse am anderen, eine herzliche Umarmung – Glück kann so einfach sein!

Verlass deine Komfortzone

Du hast es sicher auch gemerkt: Neues zu wagen sorgt für gute Laune. Kennst du den Begriff der „Komfortzone"? Sie entwickelt sich während unseres gesamten Lebens und hat nach einigen Lebensjahren einen großen Einfluss auf unser Handeln: Durch die guten und schlechten Erfahrungen, die wir machen, werden Verhaltensweisen zu Gewohnheiten und Gewohnheiten schreiben sich in unseren Charakter ein. Irgendwann haben wir ein klares Bild davon, wie wir uns selbst und die Welt um uns wahrnehmen, und handeln häufig „aus dem Bauch heraus". Dadurch gleichen sich die Tagesabläufe des Alltags: Wir üben die gleichen Hobbys aus, treffen die gleichen Menschen und essen sogar regelmäßig das Gleiche – pure Routine also. Dieser Handlungsraum, in dem wir uns wohlfühlen und der uns Sicherheit bietet, heißt Komfortzone. Sie ist richtig schön bequem – aber was wartet außerhalb deiner Komfortzone auf dich?

Verpass nicht neue Erfahrungen, Erweiterungen deines Horizonts und ganz neue Einblicke in dich selbst, indem du dich nur in deiner Komfortzone bewegst.

Wag Neues! Dass du deine Komfortzone verlässt, merkst du an einem mulmigen Gefühl im Bauch: Sobald wir uns aus gewohnten Verhaltens- und Alltagsbahnen herausbegeben, stellt sich eine gewisse Vorsicht oder Angst ein – schließlich warten neue und unbekannte Situationen auf uns. Nimm dieses Gefühl der Spannung deshalb bewusst wahr und du wirst merken, dass das Verlassen der Komfortzone wunderbares Futter für das Selbstbewusstsein und Glücksgefühl ist!

Ich habe ein paar Tipps für dich, die dich schnurstracks aus der Komfortzone heraustreiben.

Wer nicht wagt ...

Meine Tipps für Wagemutige

- **L'amour, l'amour! Flirte mal wieder!** Egal wann, egal wo und egal, ob es nur ein zweideutiger Satz nebenbei ist – nimm deinen Mut zusammen und starte einen kleinen Flirt zwischendurch.

- **Verrichte heute eine gute Tat!** Das ist was für Pfadfinder? Na und, mach es trotzdem! Du musst ja keine Katze aus einem brennenden Haus retten – aber gib beispielsweise einem Obdachlosen einen Kaffee aus, lass einen Kunden an der Supermarktkasse vor oder hilf deiner älteren Nachbarin mit den Einkaufstüten.

- **Besuch einen Ort, an dem du noch nie warst!** Die Kletterhalle, ein Lesekreis, ein Museum oder ein Hundetreff mit deinem Pudel – völlig egal. Begib dich unter Menschen und tu das vor allem ohne die Begleitung einer Freundin oder des Partners – sonst nimmst du deine Komfortzone mit. Glaub mir, allein unter Fremden wirst du sehen, wie spannend es sein kann, Neuland zu betreten.

- **Setz etwas um, das du schon lange vorhast!** Du wolltest dich seit Jahren bei der Stadtbücherei anmelden und einen neuen Roman ausleihen? Du hattest schon immer vor, einen Tanzkurs zu besuchen oder beim Speed-Dating mitzumachen? Schau mal nach: Vielleicht findet heute oder in der nächsten Woche gerade die Veranstaltung statt, die dich schon immer gereizt hat – vite, vite!

Leb wie ein Gott in Frankreich

Auch ein freier Abend mit einem guten Essen und Musik kann die Laune heben.

Das mag profan klingen, ist mit guter Vorbereitung aber äußerst wirkungsvoll. Schließlich geht es nicht darum, unter Beschallung eines langweiligen Radiosenders eine Tiefkühlpizza zu sich zu nehmen, sondern um deine ganz persönliche Gute-Laune-Mischung aus Musik und kulinarischem Genuss.

Diese Tipps für einen perfekten Abend habe ich schon ausprobiert:

- **Stell dir vorab eine Playlist** mit deinen Lieblingssongs zusammen oder leg deine liebsten CDs bereit.

- Vielleicht kramst du auch den verstaubten Schallplattenspieler aus dem Keller und lässt dich durch die **Evergreens deiner Jugend** verzaubern?

- Stell die Musikanlage auf **volle Lautstärke** – die Nachbarn werden das einen Abend lang verzeihen. Richte ihnen Grüße von mir aus!

- **Koch mal was ganz Neues.** Es gibt sogar Gerichte, deren Zutaten den Gehirnstoffwechsel beeinflussen. Durch bestimmte Stoffe werden nämlich vermehrt Neurotransmitter ausgeschüttet und die Hormone beflügeln die gute Laune, hab ich neulich gelesen. Beispielsweise steigert Chili die Aktivität und den Stoffwechsel, Vollkorn, Ananas, Paprika und Tomaten heben die Stimmung, Obst und Geflügel sorgen für ein allgemeines Wohlbefinden und das Vitamin D in Pilzen und Meeresfischen erhöht die Ausschüttung von Glückshormonen.

An diesem Abend feierst du also nur dich selbst, die Musik und das selbst gekochte Menü! Einfach herrlich! Alternativ kannst du deinen Partner oder eine Freundin einbinden und einen gemeinsamen Themen-Abend planen. Besorgt euch zum Beispiel Musik aus eurem Lieblings-Urlaubsland, mixt die landesüblichen Cocktails und kocht das Nationalgericht. Wie wäre es mit einem spanischen Abend? Südländische Gitarrenklänge, das Original Paella-Rezept und eine selbst gemischte Sangría versüßen den Tag.

Doch attention: Wer zu viel von der Sangría genießt, riskiert einen Kater am nächsten Tag – sicher nicht förderlich für die gute Laune!

Starte eine Entrümpelungsaktion

Du sitzt gerade zu Hause und dir fällt die Decke auf den Kopf? Du hast ein paar Stunden Zeit und willst etwas Sinnvolles tun, dich aber auch einfach mal auspowern? Dann starte eine Entrümpelungsaktion.

Schnapp dir einige Müllsäcke und mach einen Rundgang durch deine Wohnung: Welche Kleidung hast du schon seit Jahren nicht mehr getragen?

Ab damit in die Altkleidersammlung! Hast du noch ein elektronisches Gerät, das schon lange kaputt ist und das du eigentlich reparieren wolltest? Das gehört zum Elektroschrott, es erinnert dich sowieso nur an unerledigte Aufgaben! Altes Geschirr, abgelaufene Nahrungsmittel im Vorratsschrank, alte Unterlagen und kaputte Socken – entrümpel dein Umfeld. Sobald du dich von ungeliebten und unbrauchbaren Dingen getrennt hast, wirst du merken, dass du damit auch dein Inneres aufräumst. Und wenn du schon dabei bist: Entmiste die Garage, den Keller oder den Speicher und mach dich frei von Altlasten.

Fake it,
until you
make it!

Versuch's mal mit Lachyoga

Kennst du Lachyoga? Das klingt im ersten Moment vielleicht lächerlich. Jedoch gibt es weltweit mehr als 6000 Lachklubs, in denen gezieltes Lachyoga betrieben und von vielen Teilnehmern begeistert aufgenommen wird. Ich habe mich ein bisschen schlaugemacht: Entwickelt wurde die Methode von einem indischen Arzt in den 1990ern. Seine These ist, dass aus künstlichem, bewusstem Lachen echtes Lachen wird. Der Grundsatz des Lachyogas lautet also: „Fake it, until you make it!"

Probier das doch mal mit deiner besten Freundin oder am besten mehreren Freundinnen aus. Diese kleine Anleitung könnt ihr nutzen:

Lachyoga für Einsteigerinnen

- **Geht zu zweit aufeinander zu und begrüßt euch.** Zeigt eure Freude, lächelt und beginnt anschließend, künstlich zu lachen.

- **Ahmt den Weihnachtsmann nach:** Verschränkt eure Hände auf dem Bauch, streckt diesen so weit es geht hinaus und schüttelt euch. Passend dazu imitiert ihr sein tiefes „Hohoho!" und geht im Raum umher.

- **Lasst euer Lachen größer werden:** Stellt euch locker einander gegenüber und fangt an, leise zu kichern. Nach einigen Sekunden werdet ihr langsam lauter, bis die gesamte Gruppe laut und kräftig lacht. Achtet auf die Bewegungen in euren Körpern und fühlt mit euren Händen, wie eure Bäuche vibrieren.

- **Beendet das Lachen:** Schließt den Mund, spannt den Körper leicht an und beginnt, nur noch innerlich zu lachen. Summt dabei etwas und entspannt euch.

Das sind erste einfache Übungen, die das kollektive Lachen bereichern können – jedoch können sie in keinem Fall die Vielfältigkeit des Lachyogas wiedergeben. Ein erfahrener Lachyoga-Lehrer kann dabei helfen, ganz in diese Methode einzusteigen und zahlreiche Schritte kennenzulernen, **wie du durch gezieltes und schließlich echtes Lachen deine Laune und dein Wohlbefinden steigern kannst.**

Wag einen neuen Stil

Grauer Tag, langweilige Woche und wieder einmal nichts los. Kein Wunder, dass du schlechte Laune hast! Schau dich einmal im Spiegel an: Wie gefällt dir dein derzeitiges Outfit? Deine Frisur? Dein Make-up? Und was ist mit deinem Gesichtsausdruck los, fehlt da nicht ein zauberhaftes Lächeln?

Das Äußere bestimmt das Innere: Gönn dir einen neuen Style, um wieder deinen umwerfenden Charme auszustrahlen. Stell dir deshalb die Frage: Wie wollte ich schon immer einmal aussehen? Und denk dabei bloß nicht an künstliche Mode-Ideale oder Schönheitsoperationen – ich bin mir sicher, es genügt eine kleine Fassaden-Erneuerung, damit du dich wieder so richtig wohlfühlst.

mein
TIPP:

Entwirf ein Bild von dir selbst, wie du gerne aussehen würdest:

• Soll es eine neue Haarfarbe sein? Vielleicht ein paar Strähnen oder ein Ponyschnitt?

• Wie wäre es mit etwas mehr Farbe in deinem Outfit? Tob dich im Kaufhaus so richtig aus und kombiniere Neues! Es geht um Veränderung, nicht um perfekte Stilsicherheit à la Vogue.

- Sind noch ein paar Speckrollen von Weihnachten übrig? Dann kommen die ebenfalls weg – am besten mit einem Sport, der dir so richtig Spaß macht!

Verpasse dir mit wenigen einfachen Mitteln wie einem Friseurbesuch, neuem Make-up oder einem anderen Outfit einen völlig ungewohnten Stil und, voilà, erfreue dich am Ergebnis!

Zu Hause ist's am schönsten!

Mach's dir schön in deinem Zuhause

Wenn du gerade zu Hause bist: Schau dich um. Gefällt dir deine Wohnung genau so, wie sie ist? Oder könntest du die Vorhänge erneuern, einen neuen Badvorleger kaufen, schöne Bettwäsche aussuchen oder dekorative Bilder aufhängen?

Wenn du die Anordnung deiner Möbel satthast, schieb sie ein wenig hin und her, vielleicht findet sich ein besserer Platz für den Schreibtisch mit mehr Lichteinfall? Wenn du jetzt keine Zeit für den großen Einkauf und die Umgestaltung hast, plan sie zumindest und beachte vor allem die richtige Farbgebung für gute Laune:

- **Grün sorgt für innere Stabilität**

- **Blau beruhigt den Geist**

- **Rot macht aktiv**

- **Gelb hellt die Laune auf**

Die Farbwahl ist natürlich völlig individuell und nicht jedes grelle Zitronengelb hellt die Laune auf – doch in meinem Lieblingsmagazin habe ich gelesen, dass sich all diese Farben nachhaltig auf den Geist auswirken. Zentral ist außerdem die Lichtgestaltung deines Zuhauses: Platzier möglichst mehrere Lichtquellen an verschiedenen Stellen des Raumes, dann hast du's freundlich-hell und trotzdem gemütlich.

Überleg dir, was du erneuern möchtest, und mach dich am besten gleich morgen an die ersten Besorgungen. Das kennst du ja sicher: Werden wir nicht gleich aktiv, passiert es nie. Vielleicht tut es auch eine neue Dekoration oder Bepflanzung und schon wird deine Umgebung wohnlicher! Schließlich ist nichts schöner, als voller Freude in einem selbst gestalteten Zuhause anzukommen.

Meine Wohnungs-
verschönerung

Schreib, lies und freu dich

Einer meiner Lieblingstricks für ein dauerhaftes Strahlen: Beginn ein Gute-Laune-Tagebuch! Notier darin jeden Abend, was dich an diesem Tag glücklich gemacht hat – gern auch die kleinen Dinge.

Hier ein Auszug aus meinem Tagebuch:

- **der Sonnenschein** am Morgen

- **der Duft von frischem Kaffee**

- **der freundliche Gruß** des Nachbarn

- **die entspannte Autofahrt** zur Arbeit

- **das herrliche Stück Kuchen** am Nachmittag

- **das liebe Kompliment** meines Partners

- und **das zufriedene Schnurren** meiner Katze Chéri!

Mein Gute-Laune-Tagebuch

Du wirst sehen: Wenn du täglich aufschreibst, welche kleinen Glücksmomente du erlebt hast, nimmst du diese in Zukunft bewusster wahr. Zufriedenheit und gute Laune hängen viel weniger von äußeren Umständen ab, als wir oft denken. Vielmehr übersehen wir **das Schöne, das uns jeden Tag erwartet.**

It's
party time!

Bereite ein Fest vor

Du hast keine Verabredungen, das Wochenende steht vor der Tür und du fühlst dich im eintönigen Alltag gefangen? Wenn ich mich an früher erinnere, oh, là, là: Da war es das höchste der Gefühle, auf einer gelungenen Party so richtig „die Sau rauszulassen"!

Auch wenn die Kondition im Feiern mit der Zeit abnimmt – davon kann ich ein Lied singen –, ist und bleibt es eine Wohltat, einen ausgelassenen Abend mit Freunden oder Bekannten zu verbringen. Schnapp dir daher einen Stift und plan gleich den nächsten freien Abend:

- Zunächst: **Wen möchtest du dabeihaben?** Enge Freunde, Kollegen, Bekannte – oder feierst du lieber ganz privat mit deinem Liebsten?

- **Wohin soll es gehen?** In eine Karaoke-Bar, in ein nobles Weinrestaurant oder genießt du den Abend lieber zu Hause?

- Wenn du zu Hause bleiben möchtest, verzichte ruhig auf aufwendige Vorbereitungen – so erwachsen muss man nicht immer sein. Ein paar Schnittchen, gute Getränke und die richtige Musik – mehr braucht es nicht! Dazu lädst du spontan deine Freunde ein – die auch noch etwas beisteuern – und schon kann ein gelungener und unkomplizierter Abend starten. **Selbst wenn es nicht die große Party wird – eine unterhaltsame Runde unter lieben Menschen tut der Seele einfach gut!**

Mein freier Abend

Probier Neues:
Atemtechniken für gute Laune

Wenn deine Laune von Stress, Angst oder Nervosität herrührt, solltest du es einmal mit der Bauch-Zwerch-fell-Atmung versuchen:

- Leg dich dazu auf dein Bett oder das Sofa, schalte die Gedanken ab und schließ die Augen.

- Atme dreimal ein und aus. Anschließend atmest du langsam durch die Nase ein. Nimm bewusst den Luftzug wahr und lass die Luft durch die Lunge bis in den Bauch strömen. An diesem Punkt kannst du mit deinen Händen spüren, wie sich dein Zwerchfell langsam ausdehnt.

- Atme nun wieder langsam und lang aus, bis du keine Luft mehr im Bauch hast.

- Und immer so weiter: Atme wieder durch die Nase langsam ein und sauge die Luft bis in den Bauch.

Falls dir während der Übung unwohl wird, solltest du sie unbedingt abbrechen – eventuell hast du zu tief aus- und zu wenig eingeatmet und dadurch wenig Sauerstoff inhaliert. Diese Übung soll den Körper tiefgehend beruhigen und kann fünf bis zehn Mal wiederholt werden. Anschließend bleibst du idealerweise noch einige Minuten liegen, hältst die Augen geschlossen und lässt deine Gedanken kreisen – ganz sorgenfrei! Ohmmmmm.

Oohmmmm!

Zu zweit: Beziehungspantomime

Dies ist eine herrliche Übung für einen gemeinsamen Abend mit dem Partner. Was du dazu brauchst: Stift, Papier und wer mag eine Flasche Wein oder eine Tasse Tee.

Jeder nimmt sich einige Minuten Zeit, in denen er die lustigsten oder schönsten Erinnerungen aus der gemeinsamen Zeit notiert. Natürlich so, dass es der andere nicht sieht. Anschließend stellt ihr abwechselnd die Situationen pantomimisch dar und der andere errät das Erlebnis. Vielleicht erinnerst du dich an das erste Mal, als du für die Schwiegereltern gekocht und belle-mère die völlig versalzene Suppe vorgesetzt hast? Oder hast du dich bei eurem ersten Date über und über mit Spaghetti-Soße bekleckert und so endete der Abend mit einem gemeinsamen Lachanfall?

Diese Übung lässt zum einen die kleinen, aber wertvollen Momente eurer Beziehung aufleben und sorgt zum anderen sofort für bessere Laune!

A deux!

Zu zweit: Entdecke das Kind in dir

Erwachsen zu sein ist hin und wieder größte Anstrengung: Ständig tragen wir Verantwortung, treffen Entscheidungen, sind an wichtige Termine gebunden und müssen vernünftig sein. Ob Geld, Gesundheit oder Zukunftsplanung – das Leben wartet immer mit wichtigen und ernsten Themen auf uns, die unsere Aufmerksamkeit verlangen. Doch was wäre, wenn wir für einen Moment den Erwachsenen aus uns verbannen?

Sei wieder einmal Kind: Schnapp dir einen Partner und lasst eurer Energie freien Lauf, entdeckt eure Spontaneität und Unbeschwertheit. Kitzelt, rangelt, lacht, tanzt, spielt Spiele. Ob mit deinem Partner, einer Freundin oder einem Familienmitglied – das ist eigentlich völlig egal! Albert herum, was das Zeug hält!

Was auch berauschend ist: Verbinde Unbeschwertheit mit Romantik und lade deinen Partner zu einem gemeinsamen Tanz im Sommerregen ein. Du hast sicher auch schon ganz eigene schöne Ideen!

Vite, vite!

Et voilà: Die Sofort-Hilfe für gute Laune

Wer keine Zeit für größere Übungen, abendfüllende Aktivitäten oder Planungen hat oder wer einfach nur furchtbar ungeduldig ist und auf der Stelle gute Laune haben möchte, für den habe ich meine ganz persönliche Erste-Hilfe-Liste mit spontanen Kurzübungen parat. Einfach machen und strahlen!

Erste-Hilfe-Liste für gute Laune

- **Dreh deinen Lieblingssong auf und tanz!**
  Sei dabei völlig ungehemmt und geh aus dir heraus
  – idealerweise schaut niemand dabei zu.

- **Schreib auf, was dich frustriert!** Fang so richtig
  an zu meckern, das entlastet ungemein.

- **Trink einen Bananen-Milchshake:** Durch das
  Tryptophan in der Milch und die Kohlehydrate in der
  Banane wird der Körper gestärkt und du fühlst dich
  ausgeglichener.

- **Chante! Sing!** Am besten einen Power-Song, den
  du so richtig schreien kannst.

- **Geh eine Runde joggen!** Die frische Luft, die
  Bewegung und auch die Wohltat für den Körper
  sorgen dafür, dass du dich danach bestimmt viel
  entspannter fühlst.

- **Küss!** Ein inniger, leidenschaftlicher Kuss lässt dich
  die Welt um dich herum vergessen – und führt zur
  Ausschüttung von Glückshormonen!

- **Mach einen Gedanken-Urlaub!** Nimm dir ein paar Minuten Zeit und stell dir bildlich vor, wie dein perfekter Traumurlaub aussieht. Lass dich auf deine Ideen völlig ein und genieß die Vorstellung, die in deinem Kopf entsteht. Vielleicht eine Wandertour durch die Alpen? Ausspannen am Strand in der Karibik? Oder eine heiße Partynacht in New York?

- **Ändere deine Körperhaltung!** Vielleicht sitzt du gerade wie ein nasser Sack schlapp vor dem Computer? Kein Wunder, dass sich auch dein Geist schlaff fühlt! Dann streck dich mal ordentlich aus, setz dich gerade hin und spann nacheinander jeden Körpermuskel einzeln an. Lass anschließend locker und versuch, eine angenehme Körperspannung beizubehalten – merkst du, wie sie sich direkt auf die innere Einstellung auswirkt?

- **Zieh dich um!** Such dir farbenfrohe Kleidung aus deinem Schrank aus oder kombiniere mehrere Teile etwas gewagter. „Farben, Farben und noch mehr Farben!", sagt meine Freundin Fabiènne immer wieder, denn sie haben großen Einfluss auf unsere emotionale Befindlichkeit und gleichzeitig kannst du so einen neuen Stil ausprobieren.

A la fin!

Sobald wir wissen, was uns bedrückt, können wir es anpacken – gute Laune ist kein Hexenwerk!

Bei allem Frust und Ärger sollten wir uns bewusst sein: Zufriedenheit kommt von der inneren Einstellung. Wenn wir uns stets auf unser Unglück konzentrieren, nehmen wir das Glück nicht einmal wahr, wenn es an unsere Türe klopft.

Lass uns also festhalten: Wir sollten eine gute Balance zwischen Vergangenheit und Zukunft finden, in schönen Erinnerungen schwelgen und uns ebenso auf die großen und kleinen Höhepunkte freuen, die noch vor uns liegen. Dabei können wir auch die anderen miteinbeziehen: Vraiment, „geteilte Freude ist doppelte Freude"!

Nur wenn wir Neues wagen, können wir über uns hinauswachsen und bereichernde Erfahrungen sammeln. Andererseits solltest du auch in dich hineinhören, wissen, was dir guttut, und dich selbst verwöhnen: mit deiner Lieblingsmusik, deinem Lieblingsessen und das Ganze natürlich mit deinen Lieblingsmenschen.

Welche Tipps und Tricks du auch anwenden magst, solange deine Laune steigt – und im besten Fall ist sie das schon während dieser Lektüre –, bin ich zufrieden! Hast du eigene Anregungen für mehr Freude im Alltag oder möchtest du deine Erfahrungen mit mir teilen? Dann freue ich mich, wenn du mir schreibst an madame.missou@gabal-verlag.de.

Und jetzt: Geh raus und zeig der Welt dein umwerfendes Lächeln! Adieu und bis zum nächsten Mal,

Madame Missou –
Von der Freundin für die Freundin.
Der Ratgeber zum Verschenken

Ob Achtsamkeit, gute Laune, Aufräumen oder Selbstbewusstsein: Madame Missou weiß Rat. Sie hat schon vieles ausprobiert und verrät ihren Leserinnen die besten Tipps und Tricks! Die kleinen Ratgeber widmen sich in kompakter Form Themen, die uns im Alltag begleiten, und Herausforderungen, denen frau sich täglich stellt – und präsentieren pragmatische Lösungen. Die liebevollen Illustrationen und Listen zum Selbsteintragen steigern das Lesevergnügen und machen die Bücher zu individuellen Workbooks.

Das perfekte Geschenk für die beste Freundin!

Madame Missou räumt auf

Das Genie liebt das Chaos? Oder hat das Gerümpel die Herrschaft übernommen? Fest steht: Neue Gedanken brauchen Platz, um sich zu entfalten, und ein schönes Zuhause ist der beste Rückzugsort der Welt! Mit ein paar kleinen Tricks wirst du wieder Herrin im eigenen Reich. Ich zeige dir, wie's geht!
ISBN: 978-3-86936-785-9

Madame Missou ist selbstbewusst

Es gibt diese Menschen, die rundum zufrieden wirken, von innen strahlen und alle in ihren Bann ziehen. Glückskinder? Nein, wahrscheinlich sind sie einfach nur selbstbewusst. Und Selbstbewusstsein kann frau lernen. Ich verrate dir die besten Tipps für ein selbstbestimmtes Leben.
ISBN: 978-3-86936-786-6

Madame Missou ist achtsam

Kinder, Haushalt, Job und Hobbys – der Alltag kann schnell in Stress ausarten! Dann hetzt frau von A nach B, ohne im Gespräch aufmerksam zuzuhören, das Abendessen wirklich zu genießen oder die Aufgabe konzentriert zu erledigen. Und fällt am Ende des Tages vollkommen erschöpft ins Bett. Ich kenne das nur zu gut und weiß, was zu tun ist: Achtsam leben lautet das Gebot der Stunde!
ISBN: 978-3-86936-787-3

Madame Missou lebt gesund

Superfood hier, Low Carb da, gluten-, laktose- und fleischfrei soll es sein – wer blickt denn da noch durch? Leistungssport, Feng-Shui oder doch nur ausschlafen? Ich habe eine Mission: Ab sofort will ich gesünder und glücklicher leben. Ich lade dich ein, mitzumachen und von meinen Erfahrungen zu profitieren.
ISBN: 978-3-86936-788-0

Madame Missou ist schlagfertig

Manchmal willst du einfach nur im Boden versinken vor Scham, weil deine richtig dämliche Frage als solche enttarnt wurde? Oder du wirst auf eine unverschämte Weise angesprochen und bist sprachlos vor Zorn? Schluss damit! Ich kenne diese Situationen und weiß auch, wie du ganz cool aus der Nummer rauskommst. Ich verrate dir die besten Tricks für mehr Schlagfertigkeit.
ISBN: 978-3-86936-789-7

Besuch mich auf Facebook unter

www.facebook.com/ MadameMissou

Bibliografische Information der Deutschen Nationalbibliothek
Die Deutsche Nationalbibliothek verzeichnet diese Publikation in der
Deutschen Nationalbibliografie; detaillierte bibliografische Daten
sind im Internet über http://dnb.d-nb.de abrufbar.

ISBN 978-3-86936-784-2

Redaktionelle Bearbeitung: Lina Erd
Umschlaggestaltung: Isabel Große Holtforth, Maisach
Satz, Layout und Illustrationen: Isabel Große Holtforth, Maisach
Druck und Bindung: Salzland Druck, Staßfurt

© Originaltitel „Gute Laune: 15 Übungen für zwischendurch",
Maracuja GmbH, Hamburg

www.gabal-verlag.de   **www.madame-missou.de**